Yo soy el dragón de Komodo

Alexis Roumanis

El enriquecido libro electrónico AV² te ofrece una experiencia bilingüe completa entre el inglés y el español para aprender el vocabulario de los dos idiomas.

This AV² media enhanced book gives you a fully bilingual experience between English and Spanish to learn the vocabulary of both languages.

Spanish

English

Navegación bilingüe AV²
AV² Bilingual Navigation

X CERRAR
CLOSE

INICIO
HOME

CHANGE LANGUAGE
ENGLISH SPANISH
OPCIÓN DE IDIOMA
LANGUAGE TOGGLE

BACK NEXT
CAMBIAR LA PÁGINA
PAGE TURNING

VISTA PRELIMINAR
PAGE PREVIEW

Yo soy el dragón de Komodo

En este libro, aprenderás sobre

- mí
- mi comida
- mi casa
- mi familia

¡y mucho más!

Yo soy un dragón
de Komodo.

Soy el lagarto más grande del mundo.

Cuando nací, salí de un huevo.

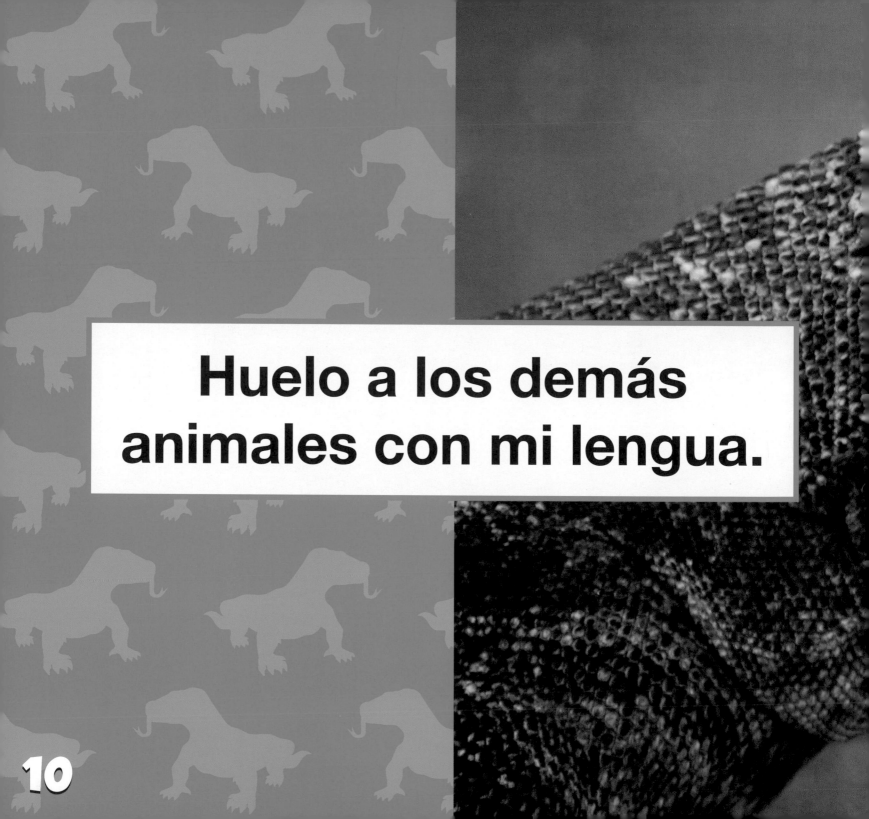

Huelo a los demás animales con mi lengua.

10

Me quedo en el mismo lugar por horas buscando comida.

Puedo comer el 80 por ciento de mi peso de una sola vez.

Me echo al sol para calentarme.

Vivo en los árboles hasta cumplir los cuatro años.

Vivo en cinco pequeñas islas tropicales.

Yo soy un dragón de Komodo.

DATOS SOBRE EL DRAGÓN DE KOMODO

Estas páginas contienen más detalles sobre los interesantes datos de este libro. Están dirigidas a los adultos, como soporte, para que ayuden a los jóvenes lectores a redondear sus conocimientos sobre cada sorprendente animal presentado en la serie *Yo soy*.

Páginas 4–5

Yo soy un dragón de Komodo. El dragón de Komodo es un tipo de lagarto. Recibe su nombre de la isla de Komodo, una de las pocas islas donde vive el dragón de Komodo. Hay tres tipos de dragones de Komodo. Se los puede identificar por su lengua amarilla, azul o rosada. Los machos suelen tener más manchas amarillas y verdes en su nariz que las hembras.

Páginas 6–7

Soy el lagarto más grande del mundo. El dragón de Komodo puede llegar a medir hasta 10 pies (3 metros) de largo. Un dragón de Komodo adulto puede llegar a pesar unas 200 libras (90 kilogramos). Los científicos creen que el dragón de Komodo es tan grande porque es el mayor carnívoro de su entorno. No es presa de otros animales y no suele tener que competir con otros animales por el alimento.

Páginas 8–9

Cuando nací, salí de un huevo. Al igual que los demás reptiles, el dragón de Komodo nace de un huevo. Los dragones de Komodo bebés se llaman crías. Al nacer, las crías miden solo 16 pulgadas (40 centímetros) de largo y pesan menos de 3,5 onzas (100 gramos).

Páginas 10–11

Huelo a los demás animales con mi lengua. Cuando un dragón de Komodo saca su lengua, recolecta partículas de aire en la superficie de la lengua. Cuando vuelve a meter la lengua en su boca, la punta de la lengua toca el paladar, donde tiene un órgano sensorial que le indica a qué huele.

Páginas 12–13

Me quedo en el mismo lugar por horas buscando comida.

Me quedo en el mismo lugar por horas buscando comida. Al cazar, el dragón de Komodo se camufla en su entorno. Cuando otros animales están cerca, el dragón de Komodo usa sus fuertes patas para abalanzarse sobre ellos. Usa sus filosas garras y sus 60 afilados dientes para atacar a su presa.

Páginas 14–15

Puedo comer el 80 por ciento de mi peso de una sola vez.

Puedo comer el 80 por ciento de mi peso de una sola vez. Los dragones de Komodo comen ciervos, cerdos y búbalos. Si un animal se escapa después de haber sido mordido por un dragón de Komodo, no llegará muy lejos. La saliva del dragón de Komodo es venenosa y mata a la mayoría de los animales en menos de 24 horas. El dragón de Komodo usa su agudo sentido del olfato para seguir a los animales que se le escapan.

Páginas 16–17

Me echo al sol para calentarme.

Me echo al sol para calentarme. Como todos los reptiles, el dragón de Komodo es de sangre fría. El dragón de Komodo no logra por sí mismo que su sangre se mantenga caliente. Por eso, debe ponerse al sol para calentarse. El dragón de Komodo prefiere una temperatura de 95 grados Fahrenheit (35 grados Celsius) durante el día.

Páginas 18–19

Vivo en los árboles hasta cumplir los cuatro años.

Vivo en los árboles hasta cumplir los cuatro años. Los dragones de Komodo adultos se comen a las crías, pero los adultos no pueden trepar a los árboles. En cuanto la cría sale del huevo, trata de treparse al primer árbol que encuentra. Las crías viven en los árboles hasta que alcanzan los 4 pies (1,2 metros) de largo. El dragón de Komodo puede vivir hasta 30 años en estado salvaje.

Páginas 20–21

Vivo en cinco pequeñas islas tropicales.

Yo soy un dragón de Komodo.

Vivo en cinco pequeñas islas tropicales. Yo soy un dragón de Komodo. El dragón de Komodo se encuentra en las islas de Komodo, Rinca, Gili Montang, Gili Dasami y Flores. Los científicos creen que hay solo unos 5.000-6.000 dragones de Komodo vivos en el mundo. Esto los convierte en una especie en extinción. En 1980, se creó el Parque Nacional de Komodo para proteger a estos animales.

¡Visita www.av2books.com para disfrutar de tu libro interactivo de inglés y español!

Check out www.av2books.com for your interactive English and Spanish ebook!

1 **Entra en www.av2books.com**
Go to www.av2books.com

2 **Ingresa tu código**
Enter book code

K 6 4 6 2 7 5

3 **¡Alimenta tu imaginación en línea!**
Fuel your imagination online!

www.av2books.com

Published by AV² by Weigl
350 5th Avenue, 59th Floor New York, NY 10118
Website: www.av2books.com   www.weigl.com

Library of Congress Control Number: 2014950016

ISBN 978-1-4896-2850-3 (hardcover)
ISBN 978-1-4896-2851-0 (single-user eBook)
ISBN 978-1-4896-2852-7 (multi-user eBook)

Printed in the United States of America in North Mankato, Minnesota
1 2 3 4 5 6 7 8 9 0 18 17 16 15 14

112014
WEP020914

Weigl acknowledges Getty Images as the primary image supplier for this title.

Project Coordinator: Jared Siemens
Spanish Editor: Translation Cloud LLC
Art Director: Terry Paulhus